Yara peters

Voor Brigitte

Vertaling door Nannie Kuiper
Oorspronkelijke titel: *Der Regenbogenfisch*
 Gedrukt in China
ISBN 978 90 5579 191 0

Bezoek ons ook op internet, www.vierwindstreken.com, en meld u aan voor onze nieuwsbrief. Of ontmoet Marcus Pfister op www.marcuspfister.ch.

17e druk, 2011

Marcus Pfister

De mooiste vis van de zee

vertaald door Nannie Kuiper

De Vier Windstreken

Ergens diep in de zee leefde een heel bijzondere vis.
Hij was de mooiste van allemaal. Dat vond hij niet alleen zelf, dat zagen anderen ook. Zijn glanzende schubben hadden alle kleuren van de regenboog en waren bezaaid met zilveren schitters.

De andere vissen noemden hem
Regenboog. Ze wilden allemaal graag
met hem spelen.
"Zullen we verstoppertje doen?" vroegen ze.
"Of wie het hardst kan zwemmen?"
Maar Regenboog gaf geen antwoord. Hij
zwom trots voorbij en liet zijn schubben
schitteren.

Een jonge vis zwom achter hem aan. "Regenboog, Regenboog, mag ik je wat vragen? Ik wil zo graag één van je schubben. Eentje maar. Ik vind ze zo mooi en jij hebt er zoveel."

"Geen denken aan," zei Regenboog.
"Ik hou ze allemaal zelf. Maak dat je wegkomt, brutaal beest."
De jonge vis schrok ervan en zwom gauw naar zijn vrienden. Vanaf dat moment wou niemand meer iets met Regenboog te maken hebben. Ze draaiden hun staart naar hem toe, als hij voorbijkwam.

Opscheppen met zijn prachtige schubben was er voor Regenboog niet meer bij. Hij voelde zich verschrikkelijk alleen.
"Ik ben de zieligste vis van de hele zee," klaagde hij tegen een zeester. "Ik word door niemand meer bewonderd."
"Achter het koraalrif woont Octopus, de inktvis," zei de zeester. "Misschien weet hij wel raad."

Regenboog zwom er haastig naartoe. Het was er donker. Hij zag bijna niets, alleen twee grote ogen. Drie lange armen raakten hem aan.

"Ik wist wel dat je zou komen," zei een bromstem. "De golven hebben me alles verteld. Luister, vriend: als je iedere vis één van je schitterende schubben geeft, is je narigheid voorbij. Dan ben je misschien niet meer de allermooiste, maar wel de allergelukkigste vis."

"Oh nee..." wou Regenboog nog zeggen. Maar Octopus was al verdwenen in de donkere diepte.

Mijn schubben weggeven, mijn schitterende schubben? dacht Regenboog. Nee, dat nooit! Zonder die schubben zou ik zo verschrikkelijk verdrietig zijn.

Hij voelde opeens iemand naast zich.
Het was de jonge vis weer.
"Regenboog, Regenboog," fluisterde die.
"Mag ik alsjeblieft één heel klein schubje?
Dan zal ik er nooit meer om zeuren."
En dan zal hij wel weer naar me kijken,
dacht Regenboog slim. Eén schubje minder
– daar zou niemand iets van merken.

Regenboog zocht en zocht – eindelijk had hij het kleinste schubje gevonden.
"Hier," zei hij tegen de jonge vis. "Meer krijg je niet, als je dat maar goed onthoudt."
"Be...be... bedankt," bubbelde de jonge vis blij. "Wat lief van je, Regenboog."
Daar werd Regenboog een beetje verlegen van. Hij keek de jonge vis lang na. Zo blij met één piepklein schubje, dacht hij.

De jonge vis flitste heen en weer door het water.
Hij liet zijn schitterende schat aan iedereen zien.
"Wij willen er ook één," riepen de anderen.
Ze zwommen allemaal om Regenboog heen.
"Geef ons er ook één!"
Regenboog deelde links en rechts zijn mooiste schubben uit. En hij werd steeds vrolijker.

Hoe meer hij weggaf, hoe mooier hij werd. Hij straalde! Hij was nog nooit zo gelukkig geweest. Ze wilden allemaal graag met hem spelen.
"Zullen we verstoppertje doen?" vroegen ze.
"Of wie het hardst kan zwemmen?"
"Ja," juichte Regenboog.
En de zee schitterde van al die vrolijkheid!